In dankbarer Erinnerung

an unsere Zeit in Durham

Juli 1991

Eckart [signature]

Andreas [signature]

AQUA ART

Für Eva und Johannes

Erich Kleisz

TÜBINGEN

Ein Bildband

Texte von
Hansmartin Decker-Hauff
und Manfred Schmid

AQUA ART VERLAG REUTLINGEN

© AQUA ART VERLAG
1. Auflage, Tübingen 1987
2. Auflage, Reutlingen 1990
Alle Rechte vorbehalten
Luftbilder freigegeben vom Regierungspräsidium Tübingen
unter Nr. 000.19448 und 000.19450
Gesamtherstellung: AQUA ART VERLAG
ISBN: 3-9801512-0-4
Printed in Germany

Inhalt / Contents / Table des matières / Indice

Deutsch

English

Français

Italiano

Hansmartin Decker-Hauff

Einführung

Eine der schönen und klugen Frauen der deutschen Romantik, Friederike Braun-Primavesi-Robert, sagte einmal zu ihrer Schwägerin Rahel Varnhagen: „Es wundert mich nicht, daß aus Tübingen so viele verschrobene, verwinkelte Menschen kommen und auch so viele klare und helle. Denn die Stadt selber ist ja auch verschroben und verwinkelt und daneben so klar und hell." Was vor mehr als 150 Jahren galt, gilt auch noch vom heutigen Stadtbild, vielleicht auch von den heutigen Menschen - verschroben und verwinkelt. Das Erbe des Mittelalters hat selten eine Stadt bis heute so sehr in ihrem Verlauf der Gassen und Plätze, in der Verwinkelung und Verschachtelung von Häusern und Scheunen geprägt, wie gerade Tübingen.

Wie sehr haben doch die Menschen am Anfang des 19. Jahrhunderts unter diesem „Winkel"-Städtchen gelitten. Gerade wollten sie es haben, hell, offen, mit schönen klassizistischen Häusern. Die Wilhelmstraße ist ein solches verwirklichtes Wunschbild, ein Hereinholen der neuen Zeit, des hellen Sinnes der Aufklärung, des neuen Jahrhunderts nach Tübingen hinein. Merkwürdig, wie nebeneinander in diesem Stadtbild bis heute das Gerade, das Monumentale, das Zukunftsweisende mit dem Verträumten, mit dem Stillen, mit dem abgeschiedenen Bezirk, mit dem engen Gehäuse (in dem allein ein Hieronymus studieren kann!), zusammengeht. Wir haben, wir lieben in Tübingen beides: „Winkel"-Glück und Weltweite.

Lage, Gassen, Bauten Tübingens leben aus einem ständigen Widerspruch. Steile Staffeln, schmale Giebel, enge Hinterhöfe und bezaubernde Gärten wechseln mit dem Fernblick über eine der schönsten, heitersten Landschaften Deutschlands. Wann je sonst ist eine Stadt so eingefangen, so in die Herzen all derer eingewachsen, die ihre prägenden Jahre in ihr erlebt haben?

Dieses „Winkel"-Tübingen ist unendlich vielfältig. Von der bewegten Lage, vom wechselnden Licht, von der immer erneut überraschenden Terassierung des Bodens her bietet sich kaum etwas stärker an als das Wort Bühne. Tübingen, eine Bühne jeden Geschehens, eine Kanzel des Geistes, ein vorgegebener Festort, ein fröhlicher Platz für jede Art sich zu treffen. Tübingen, der Ansporn zur großen Arbeit und die Erfüllung an stiller Ruhe.

Früher pflegten Väter aus dem ganzen Lande ihre heranwachsenden Buben einmal nach Tübingen zu führen. Sie stellten sie gegenüber dem Stift an der berühmten Repetentenbrücke auf, dort wo man von der Höhe der Neckarhalde in die Dachgeschosse des Tübinger Stifts eintreten kann, dort wofür nur die Repetenten, die „künftigen Marschälle des württembergischen Staates" Schlüssel hatten. Und mehr als ein Vater sagte seinem staunenden Büble: „Da drüber solltest du auch einmal gehen dürfen. Schaff' halt recht!"

Tübingen war und ist freilich auch ein Platz, an dem die Begabungen, die Talente, die

Hoffnungen im heiteren Lebensgenuß versanden. Aber Tübingen ist auch der Platz, an dem die Durchhalter, die Aufsteiger sich stark machen. Tübingen, der Platz der Musen, schwäbischer Musen freilich, — und Tübingen, der Platz der harten geistigen Kämpfe. Tübingen, heitere Anmut des Biedermeier — und Tübingen, blitzender Strahlpunkt unerbittlicher protestantischer Orthodoxie. Tübingen, das verschrobene, altmodische, enge, kleinliche Universitätsdorf — Tübingen, der nie versiegende Brunnen, aus dem Generationen weltweit Gedanken und Impulse schöpften.

„Große Söhne und gute Gedanken machen eine Stadt reich": Tafeln und Male verkünden es. Daß eine Stadt auch mit Düsternis, mit vielen gebrochenen Hoffnungen, mit mancher steckengebliebenen Laufbahn dafür zahlen muß, wird in keiner Tafel festgehalten. Aber die stillen Gassen und engen Stuben kennen so gut das Leid des Versagers wie das Glück des Gewinners. Wir wissen alle um die Schatten. Darf man den Gedanken wagen: Das Helle überwiegt?

Tübingen ist in besonderem Maße eine Stadt der Facetten, der vielfach gebrochenen Bilder, der weich ineinanderfließenden Eindrücke und der kantenscharf nebeneinandergestellten Gegensätze. Kaum eine Stadt verwirrt das Auge so durch die ständige Gegenwart der Gegensätze. Kaum eine Stadt fordert den Zeichner oder den Lichtbildner so heraus. Jeder kennt ja lange

schon für sich selbst diese Vielfalt — er will sie also wiedersehen, wenn ein Bildband ihm die Erinnerung an Tübingen wiederbringen soll.

So ist der Betrachter im Falle Tübingens besonders kritisch mit einem neuen Bildband. Aber auch der Kritischste wird mit Staunen feststellen dürfen, wie originell und wie erstmalig hier Bilder gesehen werden. Längst Bekanntes und Wohlvertrautes gewinnt im Blick des sensiblen Fotografen neue Aspekte, neue Einsichten. Schwäne am Neckarufer — wer hat sie nicht gesehen? Aber Enten auf dem Eis des Neckars — wer hat sie je so gesehen? Den Kontrast des fast königlichen Jugendstilbaus des Schwabenhauses mit dem Gassengewühl enggedrängter Türme, Dächer und Fensterluken in der Neckargasse — wer hat ihn nicht schon selbst wahrgenommen, aber wer hat ihn so gegensätzlich gesehen? Besen, Briefkasten, Müllsack und Dachrinne — wer hat ihre steile Verwinkelung nicht schon erlebt? Klassizistische, königliche Weite am Platz der neuen Aula — wer hat sie so zwingend im Bild gesehen?

Stätten, in denen man lebte, Stätten, die man liebt, gehen einem nie verloren, „sie leben inwendig". Aber die Liebe braucht die Gegenwart. Eine Stadt in Bildern wiederzusehen ist wahrhaft Begegnung und Freude. Wenn die Bilder einen dazu bringen, der Stadt selbst sich wieder in fast jugendlicher Liebe zu nähern, haben sie ihren hohen Zweck erfüllt.

Manfred Schmid

Tübingen: Ein Stück verwirklichter Sehnsucht

Eine Skizze

Im Jahre 1855 weilte ein irischer Arzt, James Henry, in Tübingen, der anschließend wenig schmeichelhafte Eindrücke von der Universitätsstadt in einem Gedicht festgehalten hat: „Zwischen dem Neckar- und dem Ammertal,/ an dem trennenden Höhenzug, liegt Tübingen,/ die schmutzigste der Städte; auf jeder Seite ein Morast./ Hier sah ich die schwäbische Alma mater/ mitten im Dreck.../ Ihr, die ihr in fernen Ländern den Ruhm gehört habt/ von Tübingen.../ Besorgt Riechsalz, rate ich euch/ bevor ihr hierher kommt; legt Atmungsgeräte an,/ grüne Schutzbrillen und feste Stiefel...“

Einen viel günstigeren Eindruck hatte dagegen der Maler Anselm Feuerbach, der wenige Jahre zuvor, 1843, von Freiburg nach Tübingen gewandert war und seinem Tagebuch anvertraut hatte: „Der erste Anblick dieser Stadt, das Ziel unserer Wünsche, machte einen großen Eindruck auf mich. Sie glänzte gerade in der Abendsonne als wir sie zum ersten Male sahen. Ihre Lage, Umgegend, Art des Bauens ist reizend schön. Hohe überhängende Häuser, krumme Straßen, die bergauf und bergab gehen, Treppen von Stein, alte schöne Brunnen, weite Plätze usw. Durch diese Dinge unterscheidet sich Tübingen von anderen Städten. Besonders schön und merkwürdig ist das alte Rathshaus, fast ganz aus Holz bemalt und mit Rednerkanzeln versehen. Ferner ist die Kirche malerisch schön, alt gotisch...“

So gegensätzlich auch beide Schilderungen sein mögen, so geben sie doch beide ein zutreffendes Bild wieder. Denn in Tübingen lebten damals beide Aspekte Seite an Seite: Das schmutzige Tübingen, das schon Goethe bei seinem Aufenthalt mißfallen hatte und das schöne Tübingen, das wiederum andere Besucher in den Bann schlägt. Wie ein roter Faden zieht sich dieser Gegensatz durch die umfangreiche Tübingen-Literatur der letzten zwei Jahrhunderte. Jeder Lobpreisung, jedem Hymnus und jedem liebevollen Aufsatz steht fast immer auch ein wohlausgefeiltes kritisches Essay, ein abwertendes Distichon oder ein emphatisch geschriebener Verriß gegenüber.

Auch der junge Hermann Hesse, der von 1895–1899 in Tübingen eine Buchhändlerlehre absolvierte, fand die Stadt von außen zwar reizend, aber im Inneren eng und duster. Als er eines Tages auf dem Weg von seiner Wohnung in der Herrenbergerstraße 28 zu seiner Arbeitsstätte am Holzmarkt in der Heckenhauerschen Buchhandlung unterwegs war, bei Regenwetter, mußte er auch den unteren Teil der Stadt durchqueren. Dabei passierte es ihm, daß er „unvermutet in zolltiefem, schlammigem Kot“ stecken blieb. Ein Bewohner, der ihn dabei beobachtete, wie er sich aus dem Dreck zu befreien versuchte, rief ihm aufmunternd zu: „No zua, Herr, no zua, ma muaß da Dreck ett schpara“. Vier Jahre blieb Hesse in Tübingen, das ihm zum Schluß zu eng, aber auch der Nährboden für sein Selbstbewußtsein als Schriftsteller geworden war.

In späteren Jahren kehrte Hesse sowohl literarisch als auch persönlich immer wieder nach Tübingen zurück. So machte er im Frühjahr 1906 auf einer Fahrt von seinem neuen Wohnort Gaienhofen am Bodensee nach München hier Zwischenstation, um seinen Reisebegleitern, darunter Ludwig Thoma, die Stadt zu zeigen. Allerdings blieb der Aufenthalt nicht ohne Folgen für den damals schon erfolgreichen und berühmten Autor. Beim Bummel durch die engen Gassen der Stadt ließ Thoma immer wieder Knallfrösche, die er heimlich an seiner Zigarre angezündet hatte, auf die Straße fallen. Hesse, der daraufhin ebenfalls Knallfrösche hochgehen ließ, wurde prompt von der Polizei ertappt und mußte seine Personalien angeben, worauf der erfahrene Thoma nur mitleidig bemerken konnte: „O mei, des kennt man gleich, wenns einer bloß als Dilettant betreibt". Ein paar Wochen nach diesem Vorfall bekam Hesse dann einen Bußgeldbescheid, den er aber gerne bezahlte.

Hermann Hesse ist nur ein Name, für den Tübingen Bühne und Schauplatz gewesen ist, der den Genius loci, den „Geist des Ortes" mitgeprägt und auch ein bißchen zu seiner Verklärung beigetragen hat. Wie kaum eine andere Universitätsstadt in Deutschland ist Tübingen, das einmal liebevoll als „Zentrum der Weltabgeschiedenheit" bezeichnet wurde, durch die Namen großer Geister berühmt geworden. Sicherlich wurde hier nicht der Marxismus erfunden, wie einmal ein Oberbürgermeister in Anspielung auf Georg Wilhelm Friedrich Hegel kühn behauptet hat, aber trotzdem bleibt der Name des großen Philosophen untrennbar mit der Stadt verbunden, wie z.B. auch die Namen Ernst Bloch, Leonhard Fuchs, Wilhelm Hauff, Friedrich Hölderlin, Walter Jens, Johannes Kepler, Hans Küng, Hermann und Isolde Kurz, Hans Mayer, Friedrich Wilhelm Josef Schelling, Wilhelm Schickardt, Friedrich Silcher, Ludwig Uhland, Wilhelm Friedrich Waiblinger, Ottilie Wildermuth oder...

Genug. Man könnte die Liste fortsetzen, ohne dabei mehr an Glanz für Tübingen herauszuschlagen. Denn, seien wir ehrlich, Tübingen hat, auch ohne den Geist großer Namen heraufzubeschwören, ein unleugbar historisches und lebendiges Ambiente, das die Stadt anziehend macht.

Eine Stadt, der das geläufige Etikett anhängt, Tübingen habe keine Universität, sondern sei eine. Man mag darüber spekulieren, ob Tübingen heute ohne seine Universität eine unauffällige Mittel- oder sogar Kleinstadt wäre, unbestreitbar bleibt, daß die Errichtung einer Hochschule hier im Jahre 1477 für die Entwicklung der Stadt bis auf den heutigen Tag die „bedeutendste politische Entscheidung" war. Es gibt wohl keine andere Universitätsstadt in Deutschland, in der beide Teile, Stadt und Universität, so eng miteinander verzahnt gewesen waren und es auch heute noch sind. Man kennt Eduard Mörike's Klagebrief aus dem Jahre 1828, in dem er Tübingens Semesterferienstimmung beschreibt: „Tübingen ist in der Vakanz wie ein umgestürzter Handschuh; es liegt wie in einem recht leeren und stillen Katzenjammer da..." Bis auf die materielle Versorgung wirkte sich die Abwesenheit der Studenten, der wahren „Herren" der Stadt aus, wie sich ein alter Tübinger, Robert Hirsch (1857–1939), erinnert: „Ich komme nun zu den Studenten, die das ganze Leben und Treiben der Universitätsstadt beherrschten. Daß sie ein maßgebender Bestandteil waren, das zeigte sich namentlich während der großen Ferien, wo man im Unterschied vom Semester kaum einen Menschen auf den Straßen erblickte; das ist beispielsweise gekennzeichnet durch den Ausspruch einer Metzgersfrau zu einem Dienstmädchen, das in den Ferien eine Portion Schlachtbraten einkaufen wollte: ja jetzt ist Vakanz, da sind die Herren fort, da gibts keinen Schlacht-braten".

Tübingen und seine Einwohner lebten im Rhythmus der Semester mit und für die Studenten und Professoren. Früher kannte man jeden neu ankommenden Studenten und wußte bald, bei wem dieser sein Zimmer genommen hatte und welcher Verbindung er beigetreten war. Tübingen war bis zum 2. Weltkrieg eine Hochburg der Verbindungen. Jeder Tübinger konnte die Farben und Mützen der Corps, Burschenschaften, Landsmannschaften oder der freien Verbindungen problemlos unterscheiden. Mensuren der schlagenden Verbindungen waren ein fast alltägliches Ereignis: „Wenn morgens die Paukchaisen zur Stadt hinausfuhren, nach dem Waldhörnle, nach Weilheim, Kilchberg, Bühl oder Sebastiansweiler, so wußte die ganze Stadt was los war; nur der Universitäts-pedell, der die Mensuren abfassen sollte, wußte angeblich nichts davon."

Auch auf eine andere Weise nahmen die Einwohner am studentischen Leben teil: „Eine Eigentümlichkeit bildete die Erteilung des Tanzunterrichts an die Studenten... Die Tanzstunde fand statt in einem alten, im Erdgeschoß gelegenen Universitätssaal in der Münzgasse nächst der Alten Aula. Gegen eine Vergütung von zehn Pfennigen für die Stunde stellten sich meist Bürgermädel als Lehrmittel zur Verfügung". Auch heute prägen die 23000 Studenten, wenn auch auf andere Weise als früher, das Bild der im Verhältnis dazu mit ca. 77000 Einwohnern relativ kleinen Stadt.

Die Universität ist darüber hinaus mit fast 8000 Beschäftigten der größte Arbeitgeber der Stadt, ja sogar Südwürttembergs. Obwohl sich aktenmäßig nicht belegen läßt, daß die Universität in der Vergangenheit die Ansiedlung industrieller Unternehmen verhindert hat, läßt sich auf der anderen Seite nicht bestreiten, daß die Stadtverwaltung in früheren Zeiten von sich aus, unter dem Einfluß der Hochschule ängstlich bemüht war, nicht-akademische Erwerbszweige von Tübingen fern-

zuhalten, um den Charakter einer „alten trauten Studentenstadt" zu erhalten. Heute ist man wohl gar nicht so unglücklich darüber, daß der Schatten der Universität größere Industrieansiedlungen verhindert hat.

Auf eine über 500jährige Tradition kann die mit der Stadt so eng verbundene Universität zurückblicken. Aber gerade bei der Betonung des akademischen Charakters Tübingens darf man nicht vergessen, daß zuerst die Stadt am Ort war. Der Name selbst belegt, daß Tübingen zu einer alten alemannischen Siedlung gehörte und in der Tat hat man im Bereich der Münzgasse einen alemannischen Friedhof aus der ersten Hälfte des 7. Jahrhunderts gefunden.

Im Jahre 1078 taucht der Name Tübingen erstmals in einer schriftlichen Quelle auf und 1231 wird Tübingen dann ausdrücklich als Stadt bezeichnet, die sich in ihrem Kernbereich zwischen Österberg und Schloßberg, zwischen Ammer und Neckar im Laufe der Jahrhunderte nicht sehr verändert und auch die beiden Weltkriege so gut wie unzerstört überstanden hat.

So hat sich hier gerade auch in der Gegenwart – trotz unüberhörbaren Autolärms und anderer Dissonanzen – etwas erhalten, was nach dem Ersten Weltkrieg einmal „als ein Stück verwirklichter Sehnsucht" beschrieben worden ist. Tübingen ist sicherlich kein Paradies oder eine „begehbare Postkarte" – und ist es nie gewesen, aber es gibt wenige Städte in Deutschland, die so viele Facetten bieten, die das Auge herausfordern, die einprägsame Bilder hinterlassen, die Stimmungen vermitteln, die lange nachwirken. Wer sich auf Tübingen einläßt, gewinnt Eindrücke als „Besitz für immer".

Albert Camus schrieb einmal: „Wenn es etwas gibt, das man immer ersehnen und manchmal auch erhalten kann, so ist es die liebevolle Verbundenheit mit einem Menschen". Vielleicht tragen die Bilder in diesem Band dazu bei, eine solche „liebevolle Verbundenheit" zu Tübingen (wieder) hervorzuzaubern.

Daten zur Geschichte von Tübingen

1078	Erste schriftliche Nennung Tübingens
1231	Tübingen erstmals als Stadt bezeichnet
1342	Burg und Stadt Tübingen gehen in den Besitz der Grafen von Württemberg über
1388	Aufzeichnung des Stadtrechts
1435	Bau des Rathauses
1470	Beginn des gotischen Neubaus der Stiftskirche; Tübingen hat 3500 Einwohner
1477	Gründung der Universität Tübingen
1514	Der Tübinger Vertrag, in dem erstmals auf dem Kontinent Grund- und Menschenrechte verzeichnet sind, regelt die Rechtsverhältnisse zwischen den Ständen und dem Herzog in Württemberg
1534	Einführung der Reformation
1547	Im ehemaligen Augustinerkloster wird das 1536 gegründete Evangelische Stift eingerichtet
1636	1485 Pesttote in Tübingen
1789	Großbrand im Stadtteil nördlich der Stiftskirche. Neuanlage des Viertels um die Neue Straße
1812	Erste Häuser in der Neckarvorstadt
1819	Erste Häuser am Lustnauer Tor
1829	Laternenbeleuchtung
1861	Anschluß an das Eisenbahnnetz
1864	8734 Einwohner
1916	Bombenangriff auf Tübingen
1938	Zerstörung der Tübinger Synagoge in der Gartenstraße durch SA- und SS-Männer
1945	Einmarsch französischer Truppen
1945–1952	Hauptstadt von Württemberg-Hohenzollern
1959–1984	Städtepartnerschaften mit Monthey (Schweiz), Aix-en-Provence (Frankreich), Ann Arbor (USA), Grafschaft Durham (England), Aigle (Schweiz), Perugia (Italien)

Hansmartin Decker-Hauff

Foreword

One of the beautiful and intelligent women of German Romanticism, Frederike Braun-Primavesi-Robert, once said to her sister-in-law Rahel Varnhagen: "I am not surprised that so many people with odd corners, and also so many clear-headed and bright ones come from Tübingen. For the town is itself nooked and crannied, and at the same time so clear and bright." What was true more than 150 years ago is still true today: the town and perhaps also its inhabitants are full of nooks and crannies. Seldom have the Middle Ages left so much of their stamp on a town, on its streets, squares and houses, as they have on Tübingen.

Yet how much the inhabitants at the beginning of the 19th century suffered under just this nooked and crannied little town! They wanted it to be straight, bright, open, with handsome neo-classical houses. The Wilhelmstrasse is a realisation of this ideal, a bringing of the modern, of the clarity of the Enlightenment, of the new century, to Tübingen. And today it is curious how, shoulder to shoulder, the straight-lined and the monumental, intellectual breadth and progressiveness go together with dreaminess and quiet, secluded corners and close houses and the attic windows of students' rooms. We have and love them both. The quaint corners and the great world.

The town and its surroundings live in constant contrast. Steep streets, close houses, small courtyards and charming gardens shift to a vista of one of Germany's loveliest landscapes. What other town has so caught the hearts of all those who have spent their formative years here?

Nooked and crannied Tübingen is infinitely various. Its geographical situation, the changing light, the terraced hill-slopes all make one think of a stage. Tübingen: a stage for events, a stage of the mind, a natural site for celebrations, a place for every kind of meeting; the spur to great achievements and the satisfaction of quietness and rest.

In the past, fathers from all over Württemberg used to bring their growing sons once to Tübingen. They stationed the boys across from the Protestant Seminary on the famous Repetenten Bridge where, from the height of the Neckarhalde, one can enter the top floor of the building to which only the Repetenten, the senior class members and future officials of the state of Württemberg, had the keys. And more than one father said to his open-mouthed son: "Someday you too may walk across this bridge. Work hard."

Tübingen is where talents leak away in the midst of life's pleasures. And Tübingen is also where "grinds" and "climbers" come into their own. Tübingen: a place of the Muses — Swabian, of course. And Tübingen: the site of great intellectual battles. Tübingen: the sweetness and gracefulness of the Biedermeier. And Tübingen: the flashing bolt of Protestant Orthodoxy. Tübingen: the quaint, old-fashioned, narrow, small-minded university village. And Tübingen: the inexhaustible fountain from which generations from all over the world have drawn thoughts, stimulation, and inspiration.

Famous sons and great thoughts enrich a town. That this enrichment must be paid for with much melancholy, many lost hopes and many failed careers is not commemorated by any plaque. But the quiet streets and small rooms know the sorrow of the failure as well as the happiness of the success. We all know of the shadows.

Tübingen is to a special degree a town of facets, of fragmentary images, of merging impressions and of sharp-edged contrasts. There is hardly another town that so bewilders the eye by the constant presence of opposites. There is hardly another town that so challenges the artist or the photographer. Everyone knows this multiplicity, and he will want to see it again in a book of photographs that is to bring back his memories of Tübingen.

Thus the reader is particularly critical with a book of photographs of Tübingen. But even the most critical will notice with surprise how originally and freshly the images are seen here. The well-known and long familiar gain in the eye of this sensitive photographer thoroughly new aspects, stimulate new insights. Swans on the banks of the Neckar — who has not seen them? But ducks on the frozen river — who has ever seen them like this? The contrast of the almost royal art nouveau Swabian House (Schwabenhaus) with the trong of jumbled towers, roofs and dormers in the Neckargasse — who has not glanced it on his own walks, but who has seen it so diametrically? Brooms, mail-boxes, garbage bags and roof gutters — who has not experienced their sharp angularities? The classical, majestic expanse of the square before the new Aula — who has seen it so compellingly?

Places where one has lived, places which one loves, are never lost: "they live on inwardly." But love needs the presence of the beloved. To see a town again in pictures is a true reunion and joy. When photographs can bring one to approach a place again with almost youthful love, then they have fulfilled their highest goal.

Translation: Jonathan Uhlaner

14

Manfred Schmid

Tübingen: A Piece of Realised Longing

A Sketch

In 1855, an Irish physician, James Henry, visited Tübingen and subsequently recorded his rather unflattering impressions of the town in a poem: "Between the Neckar and the Ammertal,/ On the dividing hill, lies Tübingen,/ Dirtiest of cities; on each side a marsh./ Here I beheld the Swabian Alma Mater/ Sitting in filth.../ Ye who in distant lands have heard the fame of Tübingen.../ Provide yourselves with smelling salts, I advise ye,/ Ere ye come hither; put on respirators,/ Green goggles and strong boots..."

A few years earlier, the painter Anselm Feuerbach had a much more favourable impression of the town when, in 1843, he hiked from Freiburg to Tübingen and confided to his diary: "The first view of Tübingen, the goal of our journey, made a great impression on me. The town was irradiated by the setting sun when we first saw it. Its situation, surroundings, and architecture are enchantingly beautiful. Tall jutting houses, crooked streets running uphill and downhill, stone stairs, old beautiful fountains, wide squares, and so on. These things distinguish Tübingen from other towns. Particularly beautiful and curious is the old Town Hall, almost entirely of wood, painted and supplied with a pulpit. Also the old gothic church is very beautiful..."

Contrasting though these two descriptions may be, they nevertheless both reflect a true picture of the town. For in Tübingen at that time both aspects lived side by side: the dirty town which had also disgusted Goethe during his stay, and the beautiful town which has time and again captivated the visitor. This contrast runs like a red thread through the extensive literature about Tübingen of the last two centuries. For every glorification, every hymn and every affectionate essay, there is a well-honed critical article, a depreciatory distich or a vehement demolition.

The young Hermann Hesse, who completed an apprenticeship as a book-seller in Tübingen between 1895–1899, also found the town outwardly enchanting, but inwardly narrow and sombre. One rainy day as he was on his way from his rooms in the Herrenbergerstrasse 28 to his place of work in Heckenhauer's Bookshop on the Holzmarkt, he had to cross the lower part of the town. As he did, he found himself stuck "inches deep in muck". A native of the town, observing Hesse as he tried to free himself from the quagmire, called encouragingly: "That's the way, sir. No need to be thrifty with the dirt". By the end of Hesse's stay in Tübingen, the town had become too cramped for him. But it was also the place where he developed the self-confidence to become a writer.

In later years Hesse returned frequently to Tübingen, in his writings as well as in person. At the beginning of 1906, during a trip from his new residence in Gaienhofen on Lake Constance to Munich, he stopped in Tübingen to show his travelling companion Ludwig Thoma the town, and the short stay proved eventful for the now successful and famous author. During a stroll through the narrow streets Thoma surreptitiously lit firecrackers with his cigar and let them fall behind him. Hesse, who followed suit, was promptly caught in the act by a policeman and required to identify himself. The experienced Thoma could only observe compassionately: "Oh dear, they can always tell the work of an amateur". A few weeks after the incident Hesse received a fine, which he was happy to pay for the fun.

Hermann Hesse is only one name for whom Tübingen was stage and scene, who left his stamp on the genius loci, and who contributed not a little to the legends that enwrap the town. As scarcely another German university town, Tübingen, which has affectionately been called "the centre of unworldiness", has become famous through the names of the great minds who lived here. Even if Marxism was not conceived in Tübingen, as a mayor of the town once boldly claimed in allusion to Georg Wilhelm Friedrich Hegel, the name of the great philosopher remains inseparably bound up with Tübingen, as also those of, for example, Ernst Bloch, Leonhard Fuchs, Wilhelm Hauff, Friedrich Hölderlin, Walter Jens, Johannes Kepler, Hans Küng, Hermann and Isolde Kurz, Hans Mayer, Friedrich Wilhelm Josef Schelling, Wilhelm Schickhardt, Friedrich Silcher, Ludwig Uhland, Wilhelm Friedrich Waiblinger, Ottilie Wildermuth and...

Enough. The list could be expanded without, however, defining Tübingen's special glamour. For even without conjuring up the spirits of great names, the town itself has an undeniable historical and still living ambience that makes it attractive.

It is often said that Tübingen doesn't have a university, it is one. It can be speculated whether Tübingen, without its university, would today be an inconspicous middle-sized or small town; but it is indisputable that the foundation of a university here in 1477 was "the most important political decision" for the development of the town up to the present day. There is probably no other German university town in which both the town and the university have been and remain so closely dovetailed with one another. During a semester break in 1828, Eduard Mörike complained: "Tübingen during the vacations is like a fallen glove; it lies there in an empty and hushed hangover..." The absence of the students, the true "lords" of the town, influenced even the food supplies, as an old Tübinger Robert Hirsch (1857–1939) remembers: "I come now to the students, who ruled over the entire life and work of the town. That they were a decisive influence became clear during the long vacations, when in contrast to the semester there was hardly a person to be seen in the streets. The response of a butcher's wife to a servant girl who wanted to buy a roast during the semester break is illustrative: 'Don't you know it's vacations? The gentlemen are gone and there is no roast'".

Tübingen and its inhabitants live in the rhythm of the semester, with and for the students and the professors. In the old days they used to know every new student and whom he was rooming with and which fraternity he belonged to. And until the Second World War Tübingen was a stronghold of fraternities. Every Tübinger used to be able to distinguish the colours and caps of the student associations without difficulty. Duels among the fraternities were nearly everyday events: "When in the morning the duelling couches used to drive out to the Waldhörnle, to Weilheim, Kilchberg, Bühl or Sebastiansweiler, everyone in the town knew what was going on. Only the University proctor, who was supposed to intercept the duelers, allegedly knew nothing about it".

16

The inhabitants of the town also participated in student life in other ways. "One special feature was the giving of dancing lessons to the students... The lessons took place in an old hall of the University in the Münzgasse, next to the old Aula. For a compensation of ten pfennig per lesson, girls from good homes used to make themselves available as teaching aids". Today as well, if in other ways than before, the 23,000 students still set the tone in the relatively small town of roughly 77,000 inhabitants.

The University, with its 8,000 employees, is moreover the largest employer in the town, and in fact in all of southern Württemberg. Although it cannot be proved that the University has kept industry out of the town, it is nevertheless true that the municipal government, under its influence, was anxious to shield Tübingen from non-academic businesses in order to preserve the character of an "old and beloved student town". Today no one is all that unhappy that the shadow of the University has fended off large industry.

The University and the town can look back together on over 500 years of a common tradition. But precisely because the town is so intimately bound up with the University, it should not be forgotten that the town was here first. The name itself shows that Tübingen belonged to an old germanic settlement, and in fact an old germanic cemetery from the first half of the 7th century has been found in the area of the Münzgasse.

The name "Tübingen" appears in a written document for the first time in 1078, and it was referred to for the first time as a "town" in 1231. In the course of the centuries the core of the town, lying between the Österberg and the Schlossberg, and between the Neckar and Ammer rivers, has not changed all that much and remained as good as untouched by both World Wars.

Thus something has been preserved here − despite the unavoidable traffic noise and other dissonances – that after the First World War was described as "a piece of realised longing" Tübingen is certainly not a paradise or a "walking postcard" and never was; but there are few other towns in Germany that offer so many facets, that so invite the eye, that leave behind such memorable images and impart moods that linger for so long. Whoever opens himself to Tübingen gains impressions which will last forever.

Albert Camus once wrote: "If there is anything that one can always long for and can sometimes find, it is the loving attachment to another human being". Perhaps the photographs in this book may go some way to conjuring up such a "loving attachment" to Tübingen.

Translation: Jonathan Uhlaner

Some dates in the history of Tübingen

1078	First mention of Tübingen in a written document
1231	The term "town" is used for the first time with reference to Tübingen
1342	The castle and the town come into possession of the counts of Württemberg
1388	The town receives its charter
1435	The town hall is built on the market place
1470	Gothic reconstruction of the collegiate church St. George (Stiftskirche); 3,500 inhabitants
1477	Foundation of the university
1514	Treaty of Tübingen, the first continental document that specifies basic human rights, regulates the legal relationship between the estates and the Duke of Württemberg
1534	The Reformation in Tübingen
1547	The Protestant Seminary, a ducal institution for theological education founded in 1536, is re-established in the former Augustinian monastery
1636	The Black Death claims 1,485 inhabitants
1789	A large fire destroys 64 buildings north of the collegiate church. Reconstruction round the Neue Straße
1812	First houses south of the Neckar river
1819	First houses at the Lustnauer Gate (Lustnauer Tor)
1829	First gas lamps in Tübingen
1861	Tübingen is linked to the railway system
1864	8,734 inhabitants
1916	Air raid
1938	Destruction of the Tübingen synagogue in the Gartenstraße by members of the SA and SS
1945	French troops occupy Tübingen
1945–1952	Capital of the state of Württemberg-Hohenzollern; 40,000 inhabitants
since 1959	City partnerships with Monthey (Switzerland), Aix-en-Provence (France), Ann Arbor (USA), County of Durham (England), Aigle (Switzerland), Perugia (Italy)

Captions

1	market-place and town hall
2	on the Neckar river
3	old parts of the town from the east („Österberg")
4	impressions of the old parts of the town
5	Neptune-fountain on the market-place
6	stillness of the market-place
7—9	impressions from the weekly market
10	market-place atmosphere
11	town hall facade
12	part of the town hall facade
13—15	street musicians at the Holzmarkt (wood market)
16—20	the Stiftskirche (collegiate church) from different view-points
21	roofs of the houses of the old parts of the town
22	view from Kronenstraße towards Kirchgasse
23	coat-of-arms of a pub in Haaggasse
24	regular patrons in the pub „Mayerhöfle"
25	Bacchant figure at the south-east corner of the town hall
26	ornamental figure of the house Kirchgasse 2
27—32	Tübingen faces
33	still life in Kronenstraße
34	court yard in Münzgasse
35—37	Tübingen facades
38—41	insights and outlooks
42	air panorama with castle Hohentübingen
43	part of the castle from south west
44	court yard of the castle
45	lower castle gate
46	ascent to the castle
47	part of the castle with Haspelturm (reel tower, used as a dungeon)
48	roofs of the houses of the lower part of the town, in the background modern parts of the town
49	Kapitänsweg („captain's path")
50	St. Jacob's church
51—52	in the old part of the town
53	group of nymphs of Johann Heinrich Dannecker at the artificial lake near the station
54	artificial lake near the station
55	Steinlach river, in the background castle Hohentübingen
56	the village of Bebenhausen with the former Cisterciensian monastery
57—58	inner court and cloister of Bebenhausen monastery
59	Wurmlingen chapel
60	modern part of the town (Waldhäuser-Ost)
61	aerial view of Lustnau (suburb of Tübingen)
62	university hospitals
63	art hall
64	Tübingen student
65	„Thinker" in front of a students' dormitory
66	students in front of the Burse
67	main university buildings
68	cyclist as king (sculpture near the shopping centre Nonnenhaus)
69	lecture hall Kupferbau
70	old part of the university library
71	books in the special reading room of the university library
72	foyer in main university building
73	lecture in the lecture hall Kupferbau
74	modern reading room of the university library
75	beer-garden Schwärzloch
76	by the Neckar river
77	summer-house and skittle-alley in the former castle cooperage
78	hall for drinking sessions of a Tübingen fraternity
79	former house of a Tübingen fraternity, which is now used for adult education classes; in the background fraternity houses still in use
80—81	by the Neckar river
82	a walk on the frozen Neckar river
83	Neckar river front
84	bust of the poet Hölderlin by the Hölderlin museum
85	death mask of the poet Hölderlin (from the play „Hölderlin")
86	Hölderlin tower
87	Neckar front reflected in river
88	Neckar footbridge at Bismarckstraße
89	plane-tree walk
90	on the Neckar river wall
91—92	punting on the Neckar river
93	traditional punt race on the Neckar river
94	plane-tree walk
95	monument of the composer Friedrich Silcher in the plane-tree walk
96	autumn day by the Neckar river
97—99	street-life in Neckargasse
100—101	Tübingen paving-stones
102	view from the Burse towards the Protestant seminary
103	old Burse (former students' dormitory)
104	plane-tree walk and Neckar river front
105	Hölderlin tower and plane-tree walk
106—108	Protestant seminary
109—111	Catholic seminary
112	Lange Gasse
113	Alte Aula (former university main building)
114	street café at the shopping center Nonnenhaus
115	former convent (residence of the sisters of the Franciscan order)
116	Ammergasse
117—118	Neckarhalde (front and back)
119	backyard in the Haaggasse
120	by the former salt barn
121	summer-house in the Neckarhalde
122—127	everyday life in Tübingen
128—130	entrances and exits
131	dusk

Hansmartin Decker-Hauff

Introduction

Une des femmes intelligentes et belles du romantisme allemand, Friederike Braun-Primavesi-Robert, dit un jour à sa belle-sœur Rahel Varnhagen: «Je ne m'étonne pas que tant d'esprits extravagants et biscornus, mais aussi tant d'esprits clairs et lumineux viennent de Tübingen. Car la ville elle-même est extravagante et biscornue et, en même temps, elle est claire et lumineuse.» La ville est restée ce qu'elle était il y a 150 ans, et peut-être ses habitants ont-ils conservé aujourd'hui cet esprit extravagant et biscornu. L'héritage du Moyen Age a rarement marqué une ville d'une empreinte aussi forte: le tracé de ses ruelles et de ses places, l'enchevêtrement de ses maisons et de ses greniers.

Les habitants ont souffert, au début du XIXᵉ siècle, de l'enchevêtrement des constructions de cette petite ville. Ils la désiraient claire, ouverte, avec des rues toutes droites, avec de belles maisons néo-classiques. Cet idéal se trouve réalisé dans la «Wilhelmstraße», reflet du rationalisme moderne, du nouveau siècle. Dans cette ville, les lignes droites, les constructions monumentales orientées vers l'avenir, voisinent avec les coins les plus retirés, les quartiers tranquilles et romantiques, les maisons étroites aux minuscules lucarnes. Nous avons et nous aimons les deux. Ici, les coins romantiques; là, l'ouverture sur le vaste monde.

La situation et les constructions de Tübingen vivent d'une contradiction permanente. Ruelles escarpées, étroites maisons, cours minuscules et jardins enchanteurs se succèdent sur l'arrière-plan d'un des plus beaux paysages d'Allemagne. Existe-t-il quelque part une ville capable de séduire à ce point les cœurs de ceux qui y ont vécu leurs années décisives?

Tübingen, la ville aux mille angles, est infiniment variée. Sa situation, ses variations de lumière, son sol disposé en terrasses font qu'aucun nom ne lui convient mieux que celui de scène. Tübingen, une scène de l'histoire, une scène de l'esprit, un lieu idéal pour les festivités, un lieu propice aux rencontres, au travail et au repos.

Autrefois, les pères avaient l'habitude de conduire leurs fils adolescents à Tübingen. Ils les plaçaient en face du «Stift» (internat pour séminaristes protestants) sur la célèbre passerelle des répétiteurs (Repetentenbrücke), là où, lorsqu'on vient de la «Neckarhalde», on pénètre dans les étages supérieurs du séminaire, dont seuls les «Repetenten», les futurs maréchaux de l'Etat du Wurtemberg, possédaient les clés. Et plus d'un père disait alors à son fils étonné: «Toi aussi, tu devrais avoir un jour le droit de passer par là. Travaille dur!»

Tübingen est le lieu où les talents se dissipent dans les délices de la vie. Et Tübingen est aussi le lieu qui permet aux esprits persévérants et travailleurs d'épanouir leurs forces; Tübingen, c'est également le lieu des muses, des muses souabes bien sûr, le lieu des grandes luttes spirituelles; c'est le charme et la grâce de l'époque du «Bieder-

20

meier», et le centre rayonnant de l'orthodoxie protestante. Tübingen, ce petit village
universitaire étroit, biscornu, démodé, c'est
la fontaine jamais tarie, à laquelle des
générations ont puisé idées, inspirations et
impulsions.

Des fils célèbres et de hautes pensées contri-
buent à la richesse d'une ville. Que cela lui
coûte beaucoup de souffrances, beaucoup
de déceptions, beaucoup de carrières inter-
rompues, nulle plaque commémorative ne
le révèle. Mais les ruelles tranquilles et les
chambrettes étroites connaissent aussi bien
la tristesse de l'échec que le bonheur de la
victoire. Nous sommes tous conscients des
ombres.

Plus qu'aucune autre, Tübingen est la ville
des facettes, des images maintes fois
brisées, des impressions qui se mêlent et des
contrastes violents. Peu de villes déroutent
autant par la présence constante des contrastes. Peu de villes exigent du dessinateur ou
du photographe une telle concentration.
Chacun connaît pour soi-même cette di-
versité. Nous voulons la retrouver, lorsque
nous demandons à un livre illustré de ra-
viver en nous le souvenir de Tübingen.

Aussi sommes-nous particulièrement criti-
ques. Pourtant, même l'esprit le plus exi-
geant s'étonnera de la nouveauté et de l'ori-
ginalité des photographies de ce livre. Des
images depuis longtemps connues et fami-
lières, vues à travers la sensibilité du photographe, présentent des aspects et des points
de vue tout à fait nouveaux. Les cygnes au
bord du Neckar — qui ne les a pas vus? Mais
des canards au bord du Neckar gelé — qui
les a jamais vus comme cela? Le contraste
du style presque royal de la «Maison des
Souabes» (Schwabenhaus) et du dédale de
rues étroites, de tourelles, de toits et de lucarnes de la «Neckargasse» — qui ne l'a pas
remarqué lui-même en se promenant? Mais
qui l'a vu dans une opposition aussi frap-
pante? Balais, boîtes à lettres, sacs à or-
dures, gouttières — qui n'a pas perçu le
fouillis de tous ces coins et recoins? L'am-
pleur royale de la place néo-classique de-
vant la «Neue Aula» — qui l'a vue de façon
aussi saisissante?

Nous gardons toujours vivant le souvenir
des lieux où l'on a vécu, des lieux que l'on
aime; «ils vivent à l'intérieur de nos cœurs».
Mais l'amour a besoin de la présence. Re-
voir une ville à travers des images est vrai-
ment une rencontre et une joie. Si les
images nous permettent de nous rapprocher
de la ville dans un élan d'amour presque ju-
vénil, alors celles-ci ont déjà atteint leur
noble but.

Traduction:
Rémi Denoix/Janine Schwerteck

Manfred Schmid

Tübingen: Le but de tous nos désirs

Une esquisse

En l'année 1855, un médecin irlandais, James Henry, passa quelque temps à Tübingen. Après son séjour, il consigna dans un poème quelques impressions peu flatteuses sur la ville universitaire: «La ville de Tübingen est située entre la vallée du Neckar et la vallée de l'Ammer/ Sur la chaîne de collines qui sépare ces deux vallées/ C'est la plus sale des villes; de chaque côté s'étendent des marais bourbeux./ Ici, j'ai vu l'«Alma mater» souabe/ au milieu de la boue.../ Vous qui, dans de lointains pays, avez entendu parler de la gloire de Tübingen.../ Avant d'y venir, procurez-vous / je vous le conseille, des sels parfumés; munissez-vous d'appareils pour respirer/ de lunettes noires et de bottes solides...»

Par contre, le peintre Anselm Feuerbach eut une impression beaucoup plus favorable. Peu d'années auparavant, en 1843, ayant fait le trajet de Fribourg à Tübingen, il confia à son journal: «Au premier coup d'œil, cette ville, le but de nos désirs, a fait sur moi une forte impression. Elle brillait dans les reflets du soleil couchant, quand nous l'avons vue pour la première fois. Son site, ses environs, le style de ses constructions, tout est infiniment beau. De hautes maisons en surplomb, des rues tortueuses qui montent et descendent, des escaliers de pierre, de vieilles et belles fontaines, de larges places etc... Tout cela fait que Tübingen est très différente des autres villes. Le vieil hôtel de ville avec ses pans de bois et ses tribunes est particulièrement beau.

L'église aussi est magnifique, de style gothique...»

Aussi contradictoires que soient ces deux descriptions, elles rendent quand même un compte exact de ce qu'est cette ville; car, à Tübingen, les deux aspects existent alors côte à côte: le Tübingen sale, qui avait déjà choqué Goethe lors de son séjour, et le beau Tübingen qui, lui, fascine d'autres visiteurs. Le contraste revient comme un leitmotiv dans l'abondante littérature sur Tübingen des deux derniers siècles. A chaque louange, à chaque hymne et à chaque essai bienveillant correspond presque toujours un essai critique soigneusement fignolé, un distique négatif ou une violente diatribe.

Le jeune Hermann Hesse qui, de 1895 à 1899, fit un apprentissage de libraire à Tübingen, trouvait également la ville avenante de l'extérieur, mais à l'intérieur, étroite et sombre. Un jour que, par temps de pluie, il se rendait de son appartement de la Herrenbergerstraße jusqu'à son lieu de travail à la place du Holzmarkt, à la librairie «Heckenhauer», il dut traverser la partie inférieure de la ville. Il se trouva «enfoncé dans une boue épaisse de plusieurs pouces». Un habitant, qui observait ses efforts pour se libérer, cria pour l'encourager: «No zua, Herr, no zua, ma muaß da Dreck ett schpara.» (Allez-y Monsieur, courage, il ne faut pas éviter la boue). Hesse est resté quatre ans à Tübingen. A la fin, cette ville était devenue trop étroite pour lui; malgré tout, elle a été le terrain qui a nourri sa confiance en sa vocation d'écrivain.

Dans les années qui suivirent, Hesse revint plusieurs fois à Tübingen, soit comme écrivain, soit à titre privé. Au printemps 1906, alors qu'il se rendait de son nouveau domicile de Gaienhofen, au bord du lac de Constance, à Munich, il s'arrêta à Tübingen pour montrer la ville à ses compagnons de voyage, parmi lesquels se trouvait Ludwig Thoma. Ce séjour ne resta d'ailleurs pas sans conséquences pour l'écrivain alors déjà célèbre. En se promenant à travers les ruelles étroites de la ville, Thoma fit constamment tomber dans la rue des pétards qu'il avait allumés en cachette dans son cigare. Hesse, qui faisait également claquer des pétards, fut pris par la police et dut fournir des renseignements sur son identité. Et Thoma, très expérimenté en ce genre de choses, ne put que faire remarquer d'un ton de commisération: «Cela se voit tout de suite, quand on n'est qu'un dilettante.» Quelques semaines après, Hesse eut une amende qu'il paya bien volontiers.

Nombreux sont ceux pour qui Tübingen a été une tribune et une scène, qui, comme Hesse, ont donné au Genius Loci, à «l'esprit du lieu» son cachet spécial et ont contribué à sa gloire. Plus qu'aucune autre ville universitaire allemande, Tübingen, à qui l'on a aimé attribuer le nom de «retraite éloignée du monde», est devenue célèbre par les noms de grands hommes. Certainement, le marxisme n'a pas été inventé ici, comme l'a affirmé un maire faisant allusion à Georg Wilhelm Friedrich Hegel, mais le nom de ce grand philosophe reste tout de même inséparablement lié à la ville, ainsi que les noms d'Ernst Bloch, de Leonhard Fuchs, de Wilhelm Hauff, de Friedrich Hölderlin, de Walter Jens, de Johannes Kepler, de Hans Küng, de Hermann et Isolde Kurz, de Hans Mayer, de Friedrich Wilhelm Josef Schelling, de Wilhelm Schickardt, de Friedrich Silcher, de Ludwig Uhland, de Wilhelm Friedrich Waiblinger, d'Ottilie Wildermuth etc...

Cela suffit. On pourrait continuer la liste sans rien ajouter à l'éclat de Tübingen. Car, soyons honnêtes, Tübingen a indéniablement, sans qu'il soit besoin d'évoquer de grands noms, une atmosphère qui confère à la ville un charme irrésistible.

Tübingen est une ville dont on a souvent dit qu'elle ne possède pas une université, mais qu'elle *est* une université. On peut se demander si Tübingen aujourd'hui serait, sans son université, une petite ville sans importance. Le fait reste incontestable que la fondation d'une université en 1477 fut, jusqu'à nos jours, la décision politique la plus importante pour le développement de la ville. Il n'y a sans doute aucune autre ville universitaire en Allemagne qui offre cette union aussi étroite entre ville et université. On connaît cette lettre d'Edouard Mörike, datant de 1828, dans laquelle il décrit l'ambiance des vacances semestrielles: «Pendant les vacances, la ville de Tübingen est comme un gant retourné; elle est vide, silencieuse, cafardeuse...» L'absence des étudiants, les vrais «messieurs» de la ville, avait des conséquences jusque sur l'approvisionnement de la ville, comme le rappelle un vieil habitant de Tübingen, Robert Hirsch (1857–1939): «J'en arrive maintenant aux étudiants, qui dominaient toute la vie et toutes les activités de la ville. Qu'ils en étaient un élément déterminant, cela se remarquait surtout pendant les vacances universitaires; contrairement au semestre, on ne voyait presque personne dans les rues. Rappelons les paroles d'une charcutière à une domestique qui voulait acheter du rôti de porc pendant les vacances: Nous sommes en vacances, les messieurs sont absents, il n'y a pas de rôti de porc.»

Tübingen et ses habitants vivaient au rythme des semestres universitaires, avec et pour les étudiants et les professeurs. Autrefois, on connaissait chaque étudiant nouvellement arrivé et on savait bien vite chez qui un tel avait loué une chambre et à quelle corporation il s'était inscrit. La ville de Tübingen a été, jusqu'à la deuxième guerre, une citadelle de corporations d'étudiants. Chaque habitant était capable de distinguer sans difficulté les couleurs et les casquettes des différentes corporations. Les duels, qui étaient à l'ordre du jour de certaines de ces corporations, étaient un événement presque quotidien: «Quand, le matin, les fiacres des duellistes quittaient la ville en direction de Waldhörnle, des villages de Weilheim, de Kilchberg, de Bühl ou de Sebastiansweiler, toute la ville savait ce qui se passait; seul l'appariteur de l'université, qui devait empêcher les duels, prétendait ne rien savoir.»

Il y avait encore une autre manière, pour les habitants de Tübingen, de prendre part à la vie des étudiants: ces derniers avaient une façon toute spéciale de se distraire les cours de danse... Les leçons avaient lieu dans une vieille salle de l'université située au sous-sol de la «Münzgasse», tout près de la «Alte Aula» (vieux bâtiment de l'université de 1547). Moyennant une rétribution de 10 Pfennig par heure, des jeunes filles se mettaient à la disposition des étudiants. Aujourd'hui encore, les 23 000 étudiants donnent à cette petite ville de 77 000 habitants, certes d'une autre manière qu'autrefois, son caractère particulier.

L'université est le plus grand employeur de la ville, voire de tout le Sud-Wurtemberg. Bien qu'aucun dossier ne confirme que l'université ait, dans le passé, empêché l'implantation d'entreprises industrielles, on ne peut contester le fait que l'administration municipale a, autrefois, sous l'influence de l'université, tout fait pour écarter de Tübingen les professions non universitaires; ceci pour conserver à la ville son caractère de vieille ville universitaire. A vrai dire bien peu de gens souffrent aujourd'hui de cet état de choses.

Cette union étroite de la ville et de l'université remonte à une tradition de plus de 500 ans. Mais quand on souligne le caractère éminemment universitaire de Tübingen, il ne faut pas oublier que la ville a existé avant l'université. Le nom même atteste que Tübingen appartenait à une cité alémanique, et on a retrouvé, en effet, à proximité de la «Münzgasse», un cimetière alémanique de la première moitié du VIIᵉ siècle.

Le nom de Tübingen apparaît pour la première fois dans un manuscrit de 1078 et, en 1231, Tübingen est nommé explicitement «ville». Son centre, situé entre les collines de l'Österberg et du Schloßberg, entre l'Ammer et le Neckar, n'a pas beaucoup changé au cours des siècles et a survécu aux deux dernières guerres sans être endommagé.

C'est ici que, même aujourd'hui, malgré le bruit, quelque chose s'est maintenu qui, comme on l'a souligné après la première guerre mondiale, apporte comme l'apaisement d'une nostalgie. Tübingen n'est sûrement pas un paradis ni «une carte postale que l'on parcourt», – et ne l'a jamais été, mais il y a peu de villes en Allemagne qui disposent de tant de facettes, qui provoquent autant l'œil, qui gravent des images en nous aussi profondément, qui fassent autant vibrer l'âme. Celui qui se laisse imprégner de l'atmosphère de Tübingen recueille en lui des impressions qu'il possédera toujours.

Albert Camus a écrit «que s'il est une chose qu'on puisse désirer toujours et obtenir quelquefois, c'est la tendresse humaine.» Peut-être les photographies de cet ouvrage contribuent-elles à faire naître en nous cette «tendresse» envers Tübingen.

Traduction:
Rémi Denoix/Janine Schwerteck

Légende

Dates concernant l'histoire de Tübingen

1078	Première mention écrite de Tübingen
1231	Le nom de «ville» est donné pour la première fois à Tübingen
1342	Le château et la ville entrent en possession des comtes de Wurtemberg
1388	Enregistrement du droit de la ville
1435	Construction de l'hôtel de ville
1470	Début de la construction de la collégiale («Stiftskirche») en style gothique; Tübingen a 3 500 habitants
1477	Fondation de l'université de Tübingen
1514	Le contrat de Tübingen qui, pour la première fois sur le continent, mentionne les droits fondamentaux de l'homme, règle la situation juridique entre les différentes classes et le duc dans l'Etat du Wurtemberg.
1534	Introduction de la Réforme
1547	Le séminaire protestant («Evangelisches Stift»), fondé en 1536, s'installe dans l'ancien cloître des Augustins
1636	1485 personnes meurent de la peste à Tübingen
1789	Incendie géant dans le quartier situé au nord de la collégiale. Reconstruction autour de la «Neue Straße»
1812	Premières maisons sur la rive sud du Neckar
1819	Premières maisons à la «Porte de Lustnau»
1829	Installation de réverbères
1861	Rattachement au réseau des chemins de fer
1864	8734 habitants
1916	Attaque aérienne
1938	Destruction de la synagogue de Tübingen (Gartenstraße) par des formations SA et SS
1945	Entrée des troupes françaises
1945—52	Capitale du district du Wurtemberg-Hohenzollern; 40 000 habitants
depuis 1959	la ville de Tübingen est jumelée avec Monthey (Suisse), Aix-en-Provence (France), Ann Arbor (Etats-Unis), le Comté de Durham (Angleterre), Aigle (Suisse), Pérouse (Italie).

Hansmartin Decker-Hauff

Introduzione

Una fra le tante donne belle e intelligenti del Romanticismo tedesco, Friederike Braun Primavesi O..., disse un giorno a sua cognata, Rahel Varnhagen: «Non mi meraviglia il fatto che da Tübingen provengano tante personalità singolari e bizzarre e altrettante chiare e lineari. Perchè la città stessa è singolare e caratteristica, direi pure spigolosa, ma anche luminosa e chiara.» Ciò che valeva 150 anni fa vale ancora oggi, per l'aspetto della città e forse anche per l'uomo di oggi. Raramente una città fu tanto marcata dall'eredità del Medioevo come Tübingen, con i suoi vicoli e le sue piazze, l'angolazione delle sue case e in genere delle sue costruzioni.

Quanto hanno sofferto gli uomini all'inizio del XIX secolo per questa «città degli angoli»! Sognavano una città lineare, chiara, aperta, con belle case in stile classico. La Wilhelmstrasse è un esempio della realizzazione di questo sogno, un invito al moderno, alla chiarezza dell'Illuminismo, al nuovo secolo, perché entri a Tübingen.

Appare strano come nell'insieme della città il lineare, il monumentale, il grande, la tensione verso il futuro, si affianchino al sognante, al silenzioso, alla zona nascosta con le strette costruzioni e gli abbaini dello studioso. Noi possediamo ed amiamo entrambi: la felicità dell'angolo riposto e la tensione verso il grande e il monumentale.

La posizione e la costruzione di Tübingen vivono in questo perenne contrasto: vicoli ripidi, case strette, piccoli cortili e giardini fiabeschi si alternano alla possibilità di spaziare su uno dei più bei paesaggi della Germania. Quando mai una città ha catturato il cuore di tutti coloro che vi hanno vissuto i loro anni fondamentali e formativi?

La Tübingen degli angoli è infinitamente varia: per la posizione, l'alternarsi di luci ed ombre, il territorio sistemato a terrazze non si può che paragonarla ad un palcoscenico. Tübingen, palcoscenico degli avvenimenti e dello spirito, luogo di festa e per ogni tipo di incontro, insieme che invita al lavoro come pure al godimento della pace e del silenzio.

Un tempo i padri di tutta la regione usavano portare i loro figli a Tübingen almeno una volta. Li portavano di fronte allo «Stift» presso il famoso ponte dei «Repetenten», là dove dall'alto della «Neckarhalde» si può entrare nelle mansarde dello «Stift» di Tübingen, di cui solo i «Repetenten», cioè i futuri marescialli dello stato del Württemberg, avevano le chiavi; e più di un padre usava dire al suo ragazzo stupito: «Anche tu dovresti poter andare là un giorno. Datti da fare.»

Tübingen è il luogo dove molte persone ricche di doti si sono sprecate, abbandonandosi al puro divertimento; ma è anche il luogo in cui coloro che perseverano e si impegnano a fondo sono diventati forti. Tübingen è un insieme quanto mai eclettico: sede delle Muse (peraltro tipicamente sveva), luogo di grandi dibattiti intellettuali, la grazia del «Biedermeier», raggio luminoso dell'ortodossia protestante, il bizzarro, antiquato e piccolo paese universitario e il pozzo mai esaurito da cui generazioni di tutto il mondo hanno tratto idee, ispirazioni e impulsi.

Grandi figli e buone idee arricchiscono una città. Che essa abbia dovuto pagarne il prezzo con molte delusioni, con molte speranze svanite, con tante carriere sfumate, non è scritto da nessuna parte. Ma i vicoli silenziosi e le minuscole stanze conoscono sia la sofferenza del fallito sia la gioia del vincitore. Tutti sappiamo di queste ombre.

Tübingen è in modo particolare una città dalle mille sfaccettature, dagli aspetti quanto mai frantumati, dalle impressioni apparentemente fluide ma dai contrasti acuti.

Quasi nessun'altra città confonde l'occhio con tale costante presenza di contrasti o sfida altrettanto il disegnatore o il fotografo. Chi conosce questa varietà di aspetti vuole ritrovarla in un volume che, attraverso una serie di fotografie, gli riporti alla memoria il ricordo di Tübingen.

Nel caso di Tübingen l'osservatore è, perciò, particolarmente critico nei riguardi di un libro che illustri, tramite fotografie, la città; ma anche il più critico si stupirà nel vedere quanto originali ed uniche siano quelle immagini: cose note da tempo si arricchiscono attraverso lo sguardo del sensibile fotografo di nuovi aspetti, nuove prospettive. Cigni sulla riva del Neckar — chi non li ha mai visti? — ma le anatre sul ghiaccio del Neckar: chi le ha mai viste così?

Il contrasto tra la costruzione Liberty, quasi principesca, della «Schwabenhaus», e l'intrico di vicoli, torri, tetti e abbaini nella «Neckargasse» — chi non l'ha avvertito dopo pochi passi sulla via — ma chi l'ha recepito veramente? Scopa, buca delle lettere, sachetto della spazzatura e grondaia — chi non l'ha mai visto? — ma, allo stesso modo, l'ampiezza scenografica della neoclassica piazza della «Neue Aula» — chi l'ha mai osservata e descritta così?

Luoghi dove si è vissuto, luoghi che si amano, non vanno mai perduti, «vivono dentro di noi». Ma l'amore ha bisogno del presente. Rivedere una città in fotografia è un vero e proprio incontro, è una gioia. E se le immagini portano qualcuno a riavvicinarsi alla città con un amore quasi da adolescente, allora hanno raggiunto il loro scopo più alto.

Traduzione:
Claudia Fantapié Altobelli

Manfred Schmid

Tübingen: un desiderio appagato

Uno schizzo

Nell'anno 1855 si trovava a Tübingen un medico irlandese, James Henry, il quale in seguito descrisse le sue impressioni sulla città universitaria in una poesia molto poco lusinghiera: «Fra le valli del Neckar e dell'Ammer/ sulle alture che le dividono, sta Tübingen,/ la più sporca delle città; da ogni parte un pantano./ Qui vidi l'Alma Mater sveva/ in mezzo al sudiciume.../ procuratevi i sali, vi consiglio,/ prima di venire qui; mettete maschere respiratorie,/ occhiali di protezione e stivali pesanti...»

Un'impressione migliore la ebbe il pittore Anselm Feuerbach, il quale, alcuni anni prima, si era trasferito da Freiburg a Tübingen e aveva confidato al suo diario: «Il primo sguardo su questa città, la nostra meta, mi impressionò molto. Quando la vedemmo per la prima volta, era illuminata dal sole del tardo pomeriggio. La sua posizione, i suoi dintorni sono deliziosamente belli. Alte case sporgenti, strade tortuose con continui saliscendi, scale di pietra, belle fontane antiche, ampie piazze, e cosí via. Sono queste le cose per cui Tübingen è diversa dalle altre città. Particolarmente bello è l'antico municipio, quasi interamente in legno dipinto ed ornato da tribune per l'oratore. Anche l'antica chiesa gotica è assai pittoresca...»

Per quanto contrastanti possano essere le due immagini, entrambe sono tuttavia appropriate. A quell'epoca, infatti, entrambi gli aspetti convivevano fianco a fianco: la Tübingen sporca, che già aveva urtato Goethe durante il suo soggiorno, e la Tübingen bella che, a sua volta, conquista altri visitatori. Questo contrasto permea la vasta bibliografia su Tübingen degli ultimi due secoli. Ad ogni lode, inno o scritto entusiasta si contrappongono quasi sempre un saggio critico, un distico denigrante, un'aspra censura.

Anche il giovane Hermann Hesse, che dal 1895 al 1899 fu apprendista libraio a Tübingen, trovava la città molto bella dall'esterno, ma all'interno piccola e cupa. Mentre, in un giorno di pioggia, dalla sua abitazione, situata nella Herrenberger Straße al n. 28, si dirigeva verso il suo posto di lavoro presso la Libreria Heckenhauer (Piazza dello «Holzmarkt»), si trovò ad attraversare la parte bassa della città. Qui gli avvenne di arenarsi «inaspettatamente in un pantano profondo». Un abitante che lo osservava mentre tentava di liberarsi dal fango lo incoraggiò: «Forza, signore, forza! Di sudiciume ne abbiamo in abbondanza!» Hesse rimase a Tübingen per quattro anni: in seguito da lui sentita come troppo piccola, fu per lui tuttavia un fertile terreno per il suo sviluppo letterario.

Negli anni seguenti Hesse tornò a Tübingen, sia indirettamente nei suoi scritti, sia di persona. Nella primavera del 1906, durante il suo viaggio dalla sua nuova residenza a Gaienhofen e diretto a Monaco, vi si fermò per mostrare la città ai suoi compagni di viaggio, fra cui Ludwig Thoma. Tuttavia la sosta non rimase senza conseguenze per l'autore, allora già famoso. Passeggiando per gli stretti vicoli della città Thoma lasciò scoppiare dei petardi. Volendo Hesse imitarlo, venne immediatemente fermato dalla polizia e pregato di dare le sue generalità, fatto che Thoma commentò: «Ecco cosa succede quando ci si mettono i dilettanti!». Un paio di settimane più tardi Hesse ricevette una multa, che peraltro pagò volentieri.

Hermann Hesse è solo un nome fra i tanti i quali, vissuti a Tübingen, hanno a loro volta influenzato il «genius loci», lo spirito del luogo. Come poche altre città universitarie Tübingen, definita una volta «il centro dell'isolamento dal mondo», è divenuta famosa attraverso i nomi di grandi studiosi. Certo il Marxismo non fu inventato qui, come sostenne una volta un sindaco riferendosi a Georg Wilhelm Friedrich Hegel; tuttavia il nome del grande filosofo rimane indissolubilmente legato alla città, come pure quelli di Ernst Bloch, Leonhard Fuchs, Wilhelm Hauff, Friedrich Hölderlin, Walter Jens, Johannes Kepler, Hans Küng, Hermann e Isolde Kurz, Hans Mayer, Friedrich Wilhelm Josef Schelling, Wilhelm Schickardt, Friedrich Silcher, Ludwig Uhland, Wilhelm Friedrich Waiblinger, Ottilie Wildermuth, oppure...

Non dirò altro. Si potrebbe allungare la lista senza aggiungere maggior gloria a Tübingen. Diciamolo sinceramente: anche senza nomi illustri Tübingen ha un fascino innegabile che la rende attraente.

Di Tübingen si dice spesso non che abbia, ma che sia un'università; ci si può domandare se Tübingen, senza la sua università, sarebbe diventata una piccola città anonima; è tuttavia innegabile che la fondazione di una università nel 1477 sia stata la «decisione politica più importante». Mai vi fu una città universitaria in cui le due parti — città ed università — si siano fuse altrettanto. Famoso è lo scritto di Eduard Mörike (1828), in cui egli descrive l'atmosfera delle vacanze semestrali: «Durante le vacanze Tübingen sembra un guanto rovesciato; giace vuota e silenziosa...». L'assenza degli studenti, i veri «padroni» della città, influiva persino sui rifornimenti materiali, come ricorda Robert Hirsch (1857-1939): «Ora parlerò degli studenti, che dominano la vita della città. Che ne costituiscano parte essenziale si può notare nelle vacanze, quando per strada si vedono soltanto pochissime persone. Indicativa fu la risposta della moglie di un macellaio, la quale una volta, alla richiesta di un pezzo di arrosto da parte di una domestica, replicò: Ora ci sono le vacanze, i signorini sono via, non abbiamo arrosto.»

Tübingen e i suoi abitanti sono sempre vissuti al ritmo dei semestri, con e per gli studenti ed i loro professori. Un tempo si sapeva quando arrivava uno studente nuovo, chi fosse, da chi abitasse e di quale corporazione studentesca fosse membro. Fino alla seconda guerra mondiale Tübingen era un centro di queste corporazioni. Ogni abitante era perfettamente in grado di distinguere i colori ed i berretti dei vari gruppi. Le «Mensuren» (duelli, N. d. T.) erano all'ordine del giorno. «Quando i calessi lasciavano la città il mattino presto diretti al «Waldhörnle», a Weilheim, Kilchberg, Bühl o Sebastiansweiler, tutta la città sapeva di che si trattasse. Solo il bidello, incaricato di proibire i duelli, pareva fosse all'oscuro di tutto».

Anche per un altro aspetto gli abitanti di Tübingen partecipavano alla vita studentesca: «Una particolarità erano le lezioni di ballo agli studenti... Le lezioni si tenevano in una vecchia aula nella Münzgasse, vicino alla «Alte Aula» (antico edificio universitario, N. d. T.). Per la somma di dieci Pfennig l'ora le ragazze della borghesia locale si offrivano come insegnanti». Ancora oggi i circa 23000 studenti influenzano il quadro della città che, con i suoi 77000 abitanti, è relativamente piccola.

Inoltre l'università è, con i suoi quasi 8000 occupati, il maggior datore di lavoro della città, se non del Württemberg meridionale. Nonostante non si possa ufficialmente dimostrare che l'università abbia impedito l'insediarsi dell'industria, è purtuttavia vero che l'amministrazione cittadina, sotto la pressione dell'università, abbia un tempo tentato con ogni mezzo di tener lontani da Tübingen settori non accademici per mantenere il «vecchio carattere studentesco». Anche adesso l'assenza di grosse industrie non viene certo sentita come una mancanza.

L'università, così legata alla città, può vantarsi di una tradizione lunga più di 500 anni. Purtuttavia non bisogna dimenticare che la città è ancora più antica. Il nome stesso indica che Tübingen apparteneva ad un antico sito alemanno; in effetti, nei pressi della Münzgasse, furono trovati i resti di un antico cimitero alemanno del settimo secolo.

Nel 1070 il nome di Tübingen venne citato per la prima volta; nel 1231 si parlò di Tübingen esplicitamente come di una città —

una città che, fra le colline dell'Österberg e dello Schloßberg, fra i fiumi Ammer e Neckar, non è cambiata molto e che ha superato le due guerre mondiali quasi senza danni.

Così anche attualmente, nonostante il rumore delle automobili, qualcosa è rimasto inalterato: ciò che, dopo la prima guerra mondiale, fu definito «un desiderio appagato». Certo Tübingen non è un paradiso, né una «cartolina percorribile», non lo è mai stata; eppure poche altre città tedesche presentano una tale varietà di aspetti che sfidano l'occhio e lasciano immagini indelebili, che donano sensazioni durature. Chi ha conosciuto Tübingen ne ricava impressioni che non si dimenticano.

Albert Camus scrisse una volta: «Se esiste qualcosa che si possa sempre desiderare e a volte anche ottenere, ebbene, è il legame di affetto fra due persone». Forse le immagini di questo volume potranno contribuire a creare o a far rivivere un «legame d'affetto» con Tübingen.

Traduzione:
Claudia Fantapié Altobelli

Date riguardanti la storia di Tübingen

1078	Prima citazione scritta di Tübingen
1231	Tübingen viene definita «città» per la prima volta
1342	La fortezza e la città di Tübingen entrano in possesso del conte del Württemberg
1388	Redazione della costituzione della città
1435	Costruzione del municipio
1470	Inizio della ricostruzione gotica della Stiftskirche; Tübingen ha 3500 abitanti
1477	Fondazione dell'Università di Tübingen
1514	«Tübinger Vertrag», nel quale, per la prima volta nel continente, vengono sottoscritti i diritti civili e umani e regolati i rapporti giuridici fra le varie classi sociali e il duca del Württemberg
1534	Introduzione della Riforma protestante
1547	Nell'ex convento agostiniano viene fondato lo «Stift» evangelico
1636	1485 morti di peste a Tübingen
1789	Incendio del quartiere a nord della Stiftskirche; ricostruzione del quartiere presso la Neue Strasse
1812	Prime case alla periferia sul Neckar
1819	Prime case al «Lustnauer Tor»
1829	Illuminazione pubblica con lampioni
1861	Allacciamento alla rete ferroviaria
1864	8734 abitanti
1916	Bombardamento di Tübingen (7 morti)
1933	Presa di potere dei nazionalsocialisti
1938	Distruzione della Sinagoga di Tübingen nella Gartenstraße da parte di uomini delle SA e SS
1945	Le truppe francesi entrano a Tübingen
1947–1952	Capitale del Württemberg-Hohenzollern
1959–1984	Gemellaggio con le città di Monthey (Svizzera), Aix-en-Provence (Francia), Ann Arbor (USA), Contea di Durham (Gran Bretagna), Aigle (Svizzera) e Perugia (Italia)

Descrizione delle illustrazioni

Bildteil

Illustrations

Illustrations

Parte illustrata

1   Marktplatz mit Rathaus

2 Auf dem Neckar

3   Blick vom Österberg auf die Altstadt

4 Altstadt-Silhouette

5   Neptun-Brunnen auf dem Marktplatz

6   Marktstille

7-9 Auf dem Wochenmarkt

8

11 Rathaus-Fassade

12 Rathaus-Detail

13-15   Straßenmusikanten auf dem Holzmarkt

16-20   Rund·um die Stiftskirche

22 Blick von der Kronenstraße zur Kirchgasse

23 Wirtshausschild in der Haaggasse

24 Stammtischrunde im »Mayerhöfle«

25 »Rebenmännle« am Rathaus

26 Schmuckfigur am Haus Kirchgasse 2

27-32　Tübinger Gesichter

29

33 Stilleben in der Kronenstraße

34 Innenhof in der Münzgasse

35-37 Tübinger Fassaden

38-41 Ein- und Ausblicke

40

42 Stadtansicht mit Schloß Hohentübingen (Luftbild)

43   Außenansicht des Schlosses vom Südwesten

44 Innenhof des Schlosses

45 Unteres Schloßtor

46 Aufgang zum Schloß

47 Schloßansicht mit Haspelturm

48 Dächer der Unterstadt, im Hintergrund Neubaugebiete

49 Kapitänswegle

50 Jakobuskirche

51-52 Altstadtwinkel

53 Dannecker'sche Nymphengruppe am Anlagensee

54 Anlagensee

55 Steinlachallee, im Hintergrund Schloß Hohentübingen

56 Bebenhausen mit Klosteranlage

57-58 Innenhof und Kreuzgang des Klosters Bebenhausen

59 Wurmlinger Kapelle

60 Waldhäuser-Ost

61 Lustnau (Luftbild)

62 Klinikenviertel

63 Kunsthalle

65 »Denker« vor Studentenwohnheim

66 Studenten vor der Burse

67   Universitätsgebäude Neue Aula

68   »König Radfahrer« (beim Nonnenhaus)

69   Vorlesungsgebäude Kupferbau

70   Altbau der Universitätsbibliothek

71　Bücher im Sonderlesesaal der Uni-Bibliothek

72　Wandelhalle in der Neuen Aula

73   Vorlesung im Kupferbau

74   Neuer Lesesaal der Uni-Bibliothek

75   Gartenwirtschaft Schwärzloch

76   Am Neckar

77   Gartenhaus und Kegelbahn in der ehemaligen Schloßküferei

78   Kneip-Saal einer Tübinger Verbindung

79 Ehemaliges Schwabenhaus, dahinter Verbindungshäuser auf dem Österberg

80-81 Am Neckarufer

81

82 Spaziergang auf dem zugefrorenen Neckar

83 Neckarfront

84   Hölderlin-Büste am Hölderlinturm

85   Hölderlins Totenmaske (aus dem Schauspiel »Hölderlin«)

86   Hölderlinturm

87 Gespiegelte Neckarfront

88 Neckarsteg bei der Bismarckstraße

89 In der Platanenallee

91-92 Auf dem Stocherkahn

111

92

93 Traditionelles Stocherkahnrennen

94 Platanenallee

95 Silcher-Denkmal in der Platanenallee

96   Herbst am Neckar

97-99   In der Neckargasse

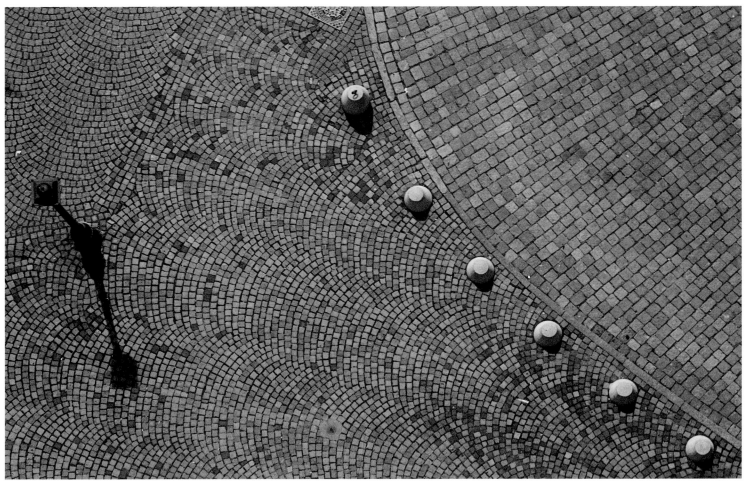

100-101 Tübinger Pflaster

104   Platanenallee

105 Hölderlinturm und Platanenallee

106-108 Evangelisches Stift

109-111 Wilhelmstift (Katholisches Konvikt)

110

113 Alte Aula

114 Straßencafé beim Nonnenhaus

115 Ehemaliges Nonnenhaus

116 Ammergasse

117-118   Vordere und hintere Neckarhalde

119 Hinterhof in der Haaggasse

120   Beim ehemaligen Salzstadel

121 Gartenhaus in der Neckarhalde

125

126

128-130 Ein- und Ausgänge

129

130

Ganz herzlich bedanke ich mich bei allen Freunden, Bekannten und Helfern im Hintergrund, die mir in liebevoller Mit- und Zusammenarbeit ihre wertvolle Zeit geschenkt haben — ohne sie hätte das Buch in dieser Form nicht entstehen können.

Erich Kleisz